BEI GRIN MACHT SICH IHR WISSEN BEZAHLT

- Wir veröffentlichen Ihre Hausarbeit,
  Bachelor- und Masterarbeit

- Ihr eigenes eBook und Buch -
  weltweit in allen wichtigen Shops

- Verdienen Sie an jedem Verkauf

Jetzt bei www.GRIN.com hochladen und kostenlos publizieren

Carola Wondrak

Klonen. Ein Kurzessay

GRIN Verlag

Bibliografische Information der Deutschen Nationalbibliothek:

Die Deutsche Bibliothek verzeichnet diese Publikation in der Deutschen National-
bibliografie; detaillierte bibliografische Daten sind im Internet über http://dnb.d-
nb.de/ abrufbar.

Impressum:

Copyright © 2008 GRIN Verlag GmbH
Druck und Bindung: Books on Demand GmbH, Norderstedt Germany
ISBN: 978-3-656-53855-4

Dieses Buch bei GRIN:

http://www.grin.com/de/e-book/262986/klonen-ein-kurzessay

GRIN - Your knowledge has value

Der GRIN Verlag publiziert seit 1998 wissenschaftliche Arbeiten von Studenten, Hochschullehrern und anderen Akademikern als eBook und gedrucktes Buch. Die Verlagswebsite www.grin.com ist die ideale Plattform zur Veröffentlichung von Hausarbeiten, Abschlussarbeiten, wissenschaftlichen Aufsätzen, Dissertationen und Fachbüchern.

Besuchen Sie uns im Internet:

http://www.grin.com/

http://www.facebook.com/grincom

http://www.twitter.com/grin_com

Klonen

-Ein Essay -

Von: Carola Wondrak

HELMHOLTZSCHULE

GYMNASIUM FÜR JUNGEN UND MÄDCHEN

Das Klonen ist eine besondere Art von Gentechnik.

Die Gentechnik erreichte nach den siebziger Jahren einige interessante Ergebnisse. Zum Beispiel fand man heraus, dass man die Gene an bestimmten Teilen durch die eines anderen Gens ersetzen konnte. Man konnte so diverse Gene zusammenfügen, woraus komische Kreuzungen, wie Erbse und Bakterie, Walfisch und Buntspecht oder Mensch und Maus entstanden. So war es auch möglich resistente Pflanzen zu züchten. Zum Beispiel gibt es Tomaten die nicht weich werden.[1] Man kann, so die Vorstellung, Menschen mit dem identischen Erbgut eines anderen Menschen ungeschlechtlich und nur durch biologische Methoden erschaffen.[2] Reproduktionsmediziner glauben, dass es so möglich sei, ein Kind von einer Toten und einem anonymen Samenspender künstlich zu erschaffen. Man bräuchte dazu nur eine einzige Ausgangsstammzelle.[3] Diese geklonten Kinder, homo Xerox, kann man aus winzigen Hautfetzen oder sogar einem Tropfen Blut herstellen.[4] Man braucht von den Menschen nur die totipotenten Ausgangsstammzellen.[5] Jedoch den Charakter kann man nicht klonen. Die beiden, also Klon und der identische Mensch haben dann die gleichen Anfangschancen, die Frage ist nur, was sie daraus machen…

Therapeutisches Klonen:

Man versucht aus menschlichen Embryonen die Stammzellen zu gewinnen, und diese mit anderen Wachstumsfaktoren zu versetzen, damit daraus neue Zellen entstehen, die besondere Fähigkeiten haben, wie zum Beispiel, dass sie zum Beispiel Insulin oder Herz –bzw. Nervenmuskeln produzieren können. Diese eignen sich dann zur Therapie von Alzheimer oder Herzinfarkten. Diese Zellen werden zur „Behandlung von Krankheiten benutzt". Dies funktioniert schon bei Tieren, jedoch nicht beim Menschen. Es nennt sich therapeutisches Klonen, weil es nur die Stammzellen von einer einzigen anderen Person enthält und therapeutisch, weil ein kranker Mensch dadurch geheilt werden soll.[6]

Durch Zellteilung entstehen immer mehr Zellen. Die Stammzellen, aus denen alle 200 verschiedenen Zellen des Körpers werden können, in der Mitte des Haufens sind die, für das Klonen, wichtigen. Sie muss man heraustrennen und kann sie dann im Labor weiter züchten. So können die Vorläuferzellen von Organen gebildet werden. Eine Möglichkeit ist dann zum Beispiel, das Organ zu lagern, bis es gebraucht wird. Der Vorteil hierbei ist, dass es zu keiner

---

1   vergleiche: Schule 2002, Serges Medien, 2001, Köln, S.444, EAN 23112353 80413
2   vergleiche: S.204, Cornelsen, Ethik 9/10,1998 Berlin, ISBN:3-464-56617-X
3   vergleiche: http://www.genethik.de/dolly.htm am 16.06.2006 um 16.12 Uhr
4   vergleiche: http://www.genethik.de/dolly.htm am 16.06.2006 um 16.12Uhr
5   vergleiche: vom Blatt: „Was sind Stammzellen?"/ „Embryonale Stammzellen"
6   vergleiche: Bild der Wissenschaft, 6|2006, „Nach Hwangs Betrug: Die große Inventur", Seite 18 bis 24, Dr. Karin Hollricher

Immunreaktion oder Abstoßung führen kann, weil dieses Organ ja genetisch gleich aufgebaut ist. Die Untersuchungen, ob es bei Menschen auch möglich sein wird, sind technisch sehr schwierig. Bei einem achtzehn Jährigen wurde 1999 solch eine Gen-Therapie durchgeführt und er verstarb, weil die Methode noch nicht über die Grundlagenforschung hinaus war. Die Therapie war bei Labormäusen und –ratten schon sehr erfolgreich, jedoch ist die Frage, ob sich, wie bei anderen Studien, die menschlichen Zellen ganz anders verhalten. Vor drei Jahren konnten querschnittsgelähmte Ratten wieder laufen. Wenn diese Verfahren noch nicht ausgereift genug sind, bergen sie viele Gefahren: es wäre möglich, dass die transplantierten Stammzellen Knochen und Knorpel an den falschen Stellen produzieren; bis heute werden zur Herstellung auch Seren und Nährzellen von Tieren zur Vermehrung der Stammzellen benötigt, wodurch Krankheiten schnell und einfach von Tieren auf den Menschen übertragen werden können.[7] Doch funktioniert diese Methode erst einwandfrei lassen sich hiermit riesige Erfolge erzielen!

Alles begann für die Weltöffentlichkeit damit, dass am 22.2.1997[8] in der Times die Geburt Dollys bekannt gegeben wurde.[9] Dem englischen Wissenschaftler Ian Wilmut war es gelungen, ein erwachsenes Schaf zu klonen und daraus ein Tier herzustellen, das keinen Vater hatte.[10] Es nannte sich 6LL3/3, oder auch Dolly. Hierfür wurden Zellen eines 6 Jahre alten Schafes, das vor 3 Jahren gestorben war (in dieser Zeit wurden die Zellen gekühlt gelagert), eine Eizelle des toten Tieres mit einer anderen entkernten Eizelle verschmolzen und zum Wachsen angeregt. Durch eine Leihmutter kam Dolly dann auf die Welt. Sie war ein eineiiger Zwilling des toten Schafes, doch sechs Jahre jünger. Erstmals wurde aus einer adulten Körperzelle, eines erwachsenen Tieres,[11] ein Klon gezeugt: Dolly.[12] Die Forscher versuchten viele andere Tiere zu klonen, jedoch gab es dabei so manches Problem: es werden sehr viele Eizellen verbraucht, bis es wirklich funktioniert, die Stammzellen zu entnehmen, außerdem haben die geklonten Tiere eine sehr hohe Anfälligkeit für Missbildungen und Krankheiten.[13] Dolly hatte auch einige Probleme, unter anderem, weil sie zu dick und zu

---

7   vergleiche: Bild der Wissenschaft, 6\2006, „Nach Hwangs Betrug: Die große Inventur", Seite 18 bis 24,
        Dr. Karin Hollricher
8   vergleiche: http://www.genethik.de/dolly.htm am 16.6.2006 um 16.12 Uhr
9   vergleiche:http://www.cbgnetwork.org/Ubersicht/Zeitschrift_SWB/SWB_1997/SWB02_97/Klon-
        Schaf_Dolly/klon-schaf_dolly.html am 16.06.2006 um 16.09 Uhr
10   vergleiche: http://www.genethik.de/dolly.htm am 16.6.2006 um 16.12 Uhr
11   vergleiche:http://www.cbgnetwork.org/Ubersicht/Zeitschrift_SWB/SWB_1997/SWB02_97/Klon-
        Schaf_Dolly/klon-schaf_dolly.html am 16.06.2006 um 16.09 Uhr
12   vergleiche: http://www.genethik.de/dolly.htm am 16.6.2006 um 16.12 Uhr
13   vergleiche: http://www.tierrechte.de/p77001007x1180.html am 16.06.2006 um 16.10 Uhr

schwer wurde. Nach sechs Jahren ließ man sie dann wegen eines Lungenleidens einschläfern. [14] Ein noch größeres Problem ist auch die Finanzierung des Projektes. Ian Wilmut bekam zum Beispiel EU- Mittel zur Verfügung gestellt. Mit einer anderen Methode wurden schon früher andere Tiere geklont: Für den Pharmazie-Konzern BAYER wurde von Ian Wilmut ein Schaf geklont. Dieses Schaf hieß Tracy und war gentechnisch so verändert, dass sie ein Serum gegen Lungenkrankheiten von Menschen absondern konnte. Sie wurde 1992 der Welt vorgestellt, aber man schenkte dem Tier damals keine große Beachtung. So erging es auch den, im August 1992 von Don Wolf hergestellten, Affen. [15] Seit Anfang 2005 nimmt der Embryologe, Ian Wilmut, sein neustes Projekt in Angriff: er versucht am Roslin-Institut, dort, wo er auch das Glück hatte, Dolly erschaffen zu können, menschliche Embryonen zu klonen, was in Großbritannien seit 2001 für die Herstellung embryonaler Stammzellen erlaubt ist. [16]

Es gibt sehr viele unterschiedliche Regelungen über das Klonen und die Stammzellforschung weltweit, doch manche sind so ähnlich, dass man sie in 4 Gruppen einteilen kann. Das größte Problem, ein Gesetz zu schaffen, besteht darin, dass man den Embryo tötet, wenn man die Stammzellen gewinnen will.

a) das Herstellen von Stammzellen durch Klonen und das Herstellen von menschlichen Embryos ist erlaubt in: Großbritannien, Belgien, Schweden, Indien und einigen asiatischen Länder

b) man darf aus den überschüssigen Embryos, die bei der künstlichen Befruchtung übrig geblieben sind, Stammzellen gewinnen. Das gilt in: Griechenland, Australien, Dänemark, Finnland, Frankreich, der Schweiz und Spanien.

c) Hier liegen strenge Einschränkungen vor: In Deutschland, Österreich und der USA darf man keine Stammzellen herstellen, aber mit importierten Stammzellen forschen

d) In vielen anderen Ländern gibt es noch keine Gesetze oder sie sind gerade noch in der Entstehungsphase, wie zum Beispiel in: Tschechien, Malta, Portugal, Irland, Luxemburg, Malta und Zypern. [17]

---

14   vergleiche: http://images.google.de/imgres?imgurl=http://www.news.ch/news_img/article/93168-
      AfgWindhund.jpg&imgrefurl=http://www.news.ch/Suedkoreaner%2Bklonen%2BHund/218315/detail.htm
      &h=160&w=213&sz=6&tbnid=mOUBPLeBYoBP2M:&tbnh=75&tbnw=101&hl=de&start=168&prev
      =/images%3Fq%3Dklonen%26start%3D160%26svnum%3D10%26hl%3Dde%26lr%3D%26sa%3DN
      am 17.06.2006 um 17.00 Uhr
15   vergleiche:http://www.cbgnetwork.org/Ubersicht/Zeitschrift_SWB/SWB_1997/SWB02_97/Klon-
      Schaf_Dolly/klon-schaf_dolly.html am 16.06.2006 um 16.09 Uhr
16   vergleiche: http://www.tierrechte.de/p77001007x1180.html am 16.06.2006 um 16.10 Uhr
17   vergleiche: Bild der Wissenschaft, 6|2006, „Nach Hwangs Betrug: Die große Inventur", Seite 18 bis 24,
      Dr. Karin Hollricher

3

Von einer Gruppe mit 60 Leuten, die aus 14 Ländern stammen und die sich aus Juristen, Philosophen, Ärzten und Wissenschaftlern zusammensetzt, von denen jeder etwas zu dem Thema beitragen kann, wurde ein Statement zur Stammzellforschung gemacht, bei dem jedoch der moralische Status des Embryos ausgeklammert wurde.[18]

---

18   vergleiche: Bild der Wissenschaft, 6|2006, „Nach Hwangs Betrug: Die große Inventur", Seite 18 bis 24, Dr. Karin Hollricher